Gudrun Bornhöft

HIMMELSSCHWINGUNGEN
UND
DIE LEBEN VON KRAIXL & KROIXL

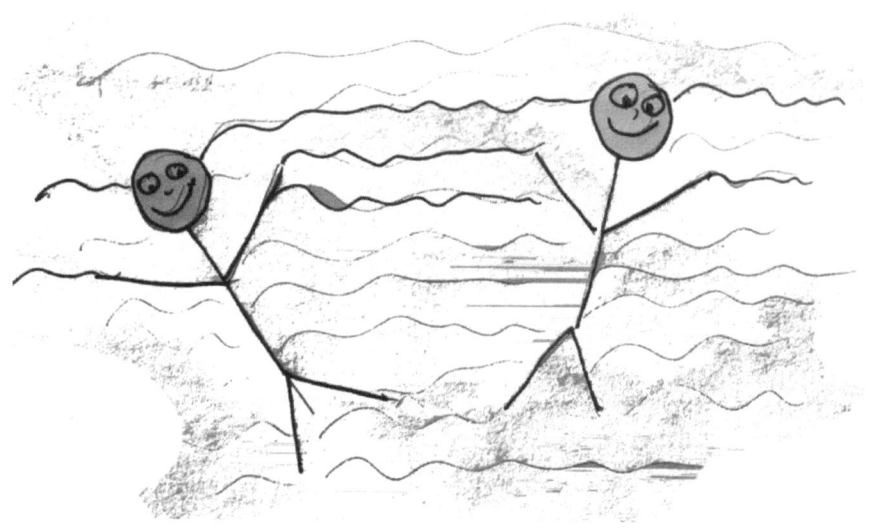

BoD - Books on Demand, Norderstedt, 2020

Himmelsschwingungen und die Leben von KRAIXL & KROIXL

© 2020 Gudrun Bornhöft: gudrun.bornhoeft@online.de

Text und Zeichnungen von Gudrun Bornhöft © 2020

Foto auf S. 5 von Hansjörg Bornhöft © 2019

Herstellung und Verlag:
BoD - Books on Demand, Norderstedt
ISBN 9783751937870

Für alle Sinn Suchenden

Und besonders für Liam, Loïs, Florence und Carsten

Stell dir vor, jeder Mensch hätte sein eigenes Himmelsmuster, das ewig im Weltgeist vorhanden wäre, und die Seele versuchte stetig, dieses Muster zu erreichen, es mit Leben zu füllen, um so ihr Glück zu finden.

Wir können jeder Seele helfen, indem wir in Gedanken und Gefühlen mit ihr mitschwingen, uns auf sie einlassen, uns auf sie einstimmen – in Harmonie oder mit Dissonanzen, beides kann stimmig sein.

Wo immer wir auch sind, unsere Himmelsschwingungen werden sich finden.

Was sind nun Himmelsschwingungen?

Am Anfang waren die Himmelsschwingungen – was immer sie auch sein mögen

- Wellenfunktionen von Quantenschwingungen
- Quantenschwingungen selbst
- Gedanken des Weltgeistes (Gott? Am Anfang war das Wort?)
- Oder etwas ganz anderes.

Ich bevorzuge die Vorstellung der Gedanken des Weltgeists.

Die Schwingungen gibt es in unendlicher Zahl und in jeder erdenklichen Form. Sie schwingen zusammen, verstärken, schwächen oder überlagern sich. Daraus ergeben sich unendlich viele Muster, die alle schon vorhanden sind. D.h. es gibt nichts, was nicht schon als gedankliches Muster im Weltgeist vorhanden ist, vielleicht am ehesten vergleichbar mit Punktwolken,

teils schon deutlich erkennbar,

teils noch undeutlich.

Der Weltgeist hat das Bestreben alle seine gedanklichen Muster zu verwirklichen, sie mit Leben zu füllen

Und vielleicht gibt es noch andere Medien außer der uns bekannten Materie? Der Weltgeist schafft sich die Bedingungen für seine Verwirklichung selbst, und zwar durch das, was wir in der Natur an Geistigem vorfinden, durch ihre Gesetzmäßigkeiten. Angefangen von den einfachen physikalischen Gesetzen (mit ihren chaotischen Freiheitsgraden), den regulierenden, homöostatischen und adaptierenden Gesetzmäßigkeiten lebender Organismen, über die sozialen Gesetzmäßigkeiten von Tieren bis hin zu Lebewesen, die sich durch ihren eigenen, bewussten Willen – frei – eigene Gesetze geben können: die Menschen. Unser Wille formt idealerweise die Kontur, in der sich das Himmelsmuster mit Leben füllt.

Jeder Mensch hat sein eigenes einzigartiges Muster, das mit Leben gefüllt werden will. Diese Erfüllung ist als Freude und Glück spürbar.

Die Frage der Fragen
Vor dem Ende sprach Rabbi Sussja:
In der kommenden Welt wird man mich nicht fragen:
Sussja, warum bist du nicht Mose gewesen?
Man wird mich auch nicht fragen:
Warum bist du nicht David gewesen?
In der kommenden Welt wird man mich fragen:
Sussja, warum bist du nicht Sussja gewesen?
(Chassidische Geschichte)

Die Schwingungen können miteinander in Resonanz treten. So können wir wahrscheinlich die Naturgesetze erkennen, und auch Lernen geschieht wohl mehr durch (geistige) Resonanz als durch explizite Erklärungen.

Aber auch bei einfachen 'Erkenntnissen' spielt die geistige Komponente eine größere Rolle als uns gemeinhin bewusst ist. Wenn wir dieses Gebilde sehen

denken wir, es *ist* ein großes 'h'. Kinder im Kindergartenalter halten es für 2 gerade Stöcke mit einem quer dazu, Russen wahrscheinlich für ein großes 'n'. Was es *ist*, bestimmt also weniger der Sinneseindruck als die Vorstellung. Man kann sagen, dass Realität tatsächlich Vorstellung *ist*. Wir können nichts erkennen, was wir nicht schon als Vorstellung in uns tragen. Diese Menschenmuster sind auch Teile des Weltgeistes und haben ähnliche Grundlagen und Gesetzmäßigkeiten wie die Himmelsmuster. Weitere Menschenmuster sind alle Institutionen und Konstrukte (wie Staat, Kirche, Schule, Eigentum oder Recht) und alle Ideologien. Sie werden Wirklichkeit, indem Menschen ihre Gesetzmäßigkeiten befolgen.

Unsere Gedankenwelt ist wichtig. Durch Resonanz können wir uns auf eigene und andere Muster einschwingen und sie mit Realität und Leben füllen. Unsere Gedankenwelt mit unseren Gesetzmäßigkeiten, Erfahrungen und Bestrebungen überdauert wahrscheinlich auch unsere physische Existenz.

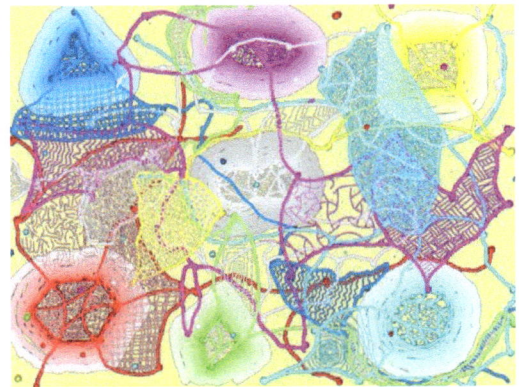

Alle Muster durchdringen oder ergänzen sich. Sie sind alle im Weltgeist. Es gibt nichts außerhalb des Weltgeists.

Der Weltgeist hat sein eigenes Bewusstsein und vermutlich auch einen Willen. Den zu erkennen ist uns nicht vergönnt. Das, was wir im Weltgeist erreichen können, ist nur unser eigenes Himmelsmuster.

Wir können in der nachfolgenden Geschichte die beiden Himmelsschwingungen KRAIXL & KROIXL begleiten, wie sie versuchen, sich mit Leben zu füllen.
Es ist dabei weniger eine zusammenhängende Geschichte als vielmehr einzelne – mehr oder minder Kind gerechte – Stimmungsbilder, auf die wir uns einschwingen können.

Die Leben von KRAIXL und KROIXL

KRAIXL und KROIXL sind zwei Himmelsschwingungen und freuen sich an ihrem Dasein. Sie sind zwei besonders schöne Schwingungen, nämlich solche, die sich mit Menschen verbinden können.
Es gibt unendlich viele Himmelsschwingungen. Alle zusammen kann man Gott nennen oder Weltgeist. Im Weltgeist ist alles vorhanden, wirklich alles: das, was gewesen ist, und das, was kommen wird; das, was wir für gut und richtig halten, aber auch das, was uns nicht gefällt.
Himmelsschwingungen fühlen sich im Himmel am wohlsten. Aber es drängt sie doch immer wieder ins Leben. Dort haben sie kein besonderes Ziel, sie wollen nur sein, im Leben wirken und vom Leben durchströmt werden.

KRAIXL und KROIXL verspürten gerade wieder diesen Drang ins Leben kommen zu wollen. Himmelsschwingungen können in Zeit und Raum springen und sich aussuchen, an welchem Ort und zu welcher Zeit sie ins Leben kommen wollen. KRAIXL und KROIXL sind zwei Himmelsschwingungen, die gut zueinander passen und schon einmal zusammen im Leben waren.
Damals war die Menschheit noch ganz jung, fast noch Affen. Sie hatten noch keine richtige Sprache und nur Holzstöcke als Werkzeug.
Die Himmelsschwingungen hatten es zu dieser Zeit sehr leicht in ihren Menschen. Es gab noch kein Schulwissen, das den Menschen sagte, was alles nicht möglich ist. Die Ur-Menschen nahmen die Anregungen ihrer Himmelsschwingungen genauso wahr wie die Bedürfnisse ihres Körpers und ließen sich von ihnen leiten. Das führte sie auf Wege, auf denen sie genug Essen für sich fanden und zu Tätigkeiten, in denen sich ihre Himmelsschwingungen mit Leben füllen konnten. KROIXL wohnte in dem Ur-Mensch UR-KROX und KRAIXL in UR-KRAX. Beide gehörten dem gleichen

Stamm an. UR-KROX war der Häuptling und UR-KRAX der Schamane des Stammes. UR-KRAX und UR-KROX trafen sich häufig und halfen sich gegenseitig ihre Himmelsschwingungen mit Leben zu füllen. Nun konnten in dieser Urzeit aber nicht alle Teile der Schwingungen erfüllt werden.

Als sich KRAIXL und KROIXL in dieser Urzeit nicht weiter mit Leben füllen konnten, zogen sie sich langsam aus ihren Menschen zurück. Sie warnten sie nicht mehr vor Gefahren, so dass UR-KROX auf der Jagd ums Leben kam, und UR-KRAX eine giftige Pflanze aß.

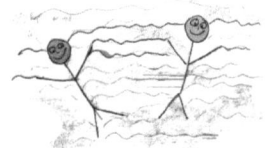

Als KRAIXL und KROIXL dann im Himmel waren, mussten sie sich wieder daran gewöhnen, ohne Augen, Ohren und alle anderen Sinne im Himmel zurechtzukommen. Aber glücklicherweise gibt es so viele Himmelsschwingungen im Himmel, dass immer genügend da sind, um die Neuankömmlinge willkommen zu heißen und sie zu begleiten.

Der Neuanfang im Himmel ist nicht leicht. Um frei mit dem Weltgeist schwingen zu können, müssen die Himmelsschwingungen erst diejenigen Schwingungen wieder los werden, die sie im Leben in ihrem Menschen mit ihren Gedanken aufgesammelt haben, die aber nicht zu ihnen passen. Und dieses Loslösen tut sehr weh, es ist die Hölle. Danach, wenn die Himmelsschwingung wieder frei schwingt, ist es das Paradies.

UR-KRAX und UR-KROX hatten im Leben sorgsam auf ihre Himmelsschwingungen geachtet, so dass sie nur wenige hinderliche Schwingungen angesammelt hatten. KRAIXL und KROIXL konnten so schnell wieder frei im Weltgeist schwingen. Sie bedauerten die Schwingungen, die es nicht schafften, sich von ihrem Ballast zu befreien. Sie blieben nun vom Weltgeist getrennt – also in der Hölle. KRAIXL und KROIXL versuchten sich einigen dieser einsamen Schwingungen zu nähern und sie zum Mitschwingen zu bewegen, was ihnen bei einigen auch gelang, die sich so leichter von ihrem Ballast befreien konnten.

Aber bald drängte es KRAIXL und KROIXL wieder danach sich mit Leben zu füllen. Sich wieder ins Leben zu begeben, ist für Himmelsschwingungen im Prinzip immer möglich, aber es ist nicht leicht, die günstigsten Bedingungen für eine gute Resonanz zu finden. Deswegen ist es so wichtig, die in jedem Leben gegebenen Möglichkeiten für die Himmelsschwingungen zu nutzen.

Gerne wollten KRAIXL und KROIXL wieder gemeinsam auf die Erde, sie wollten es sich aber nicht so leicht machen wie beim ersten Mal, und sie wollten auch andere Teile ihrer Schwingungen füllen.

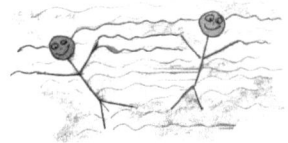

KROIXL verband sich diesmal mit einem Jungen, dessen Eltern ihn in eine Klosterschule schickten. Zu der Zeit, die sich KROIXL ausgesucht hatte, war das durchaus üblich. Seine Eltern waren einfache Bauern, und eigentlich hätte ihr Sohn Ludwig auch Bauer werden sollen. Aber eines Abends klopfte der mürrische Mönch Bruno an die Tür, und Ludwigs Eltern ließen ihn bei sich im Stall übernachten. Als Ludwig am nächsten Morgen die Tiere fütterte, fragte ihn der Mönch einfach, ob er nicht lieber in die Klosterschule gehen wollte, und so ging er mit. Zum Abschied schenkte ihm seine Mutter ein einfaches Holzkreuz, das ihr Vater einst mal geschnitzt hatte. Und Ludwig – oder Ludovicus, wie Bruno ihn nannte – liebte dieses Kreuz über alles. Er legte die Kette mit dem Kreuz nicht mehr ab. Seine Mitschüler machten sich darüber lustig und nannten ihn KRUTZI. Aber weil ihn das Kreuz mit so viel Liebe und Glück erfüllte, machte ihm das nichts aus. Oft nannte er sich sogar selbst KRUTZI. In KRUTZI wohnte KROIXL, und der hatte schon gezeigt, dass er gut mit Anderen mitschwingen kann. So wurde KRUTZI schnell bei seinen Mitschülern beliebt. In seiner Klasse war er der älteste, weil er ja noch nie eine Schule besucht hatte, und alles von Anfang an lernen musste. Auch hierbei half ihm KROIXLs Gabe zum Mitschwingen. In fast alle Gedanken konnte KRUTZI sich einschwingen, und holte so schnell nach, was ihm fehlte. Zuhause hatte er immer gehört, was er nicht konnte und falsch machte, aber hier in der Schule schien ihm fast alles zu gelingen. Das machte ihn übermütig und leichtsinnig. Er trieb sich gern draußen auf den Wiesen und in den Wäldern herum, und kam oft zu spät zu Unterricht, Essenszeiten und zum Gebet. Dafür wurde er manchmal tagelang zur Strafe eingesperrt. Das ärgerte den freiheitsliebenden KRUTZI, und er fühlte sich ungerecht behandelt.

Mit der Zeit freundete er sich mit dem Mönch an, der ihm das Essen brachte, wenn er eingesperrt war. Der erreichte, dass KRUTZI nicht mehr eingesperrt bleiben, sondern seine Strafe in der Küche abarbeiten musste. KRUTZI arbeitete zwar nicht gern in der Küche, aber er war dort immerhin mit anderen Menschen zusammen, was ihm gefiel. Beim Zubereiten des Essens sagten ihm die Anderen manchmal:
"Pack noch was für Ambrosius drauf!" Bis KRUTZI endlich mal fragte:
"Wer ist eigentlich dieser Ambrosius?"
"Das ist so ein verrückter Alter, der über der großen Höhle am Berg wohnt", antworteten sie. "Er lebte früher hier im Kloster und war sogar Stellvertreter unseres Klostervorstehers, bis er dann angefangen hat zu spinnen. Er hielt sich nicht mehr an die Essens- und Gebetszeiten und lief tagelang im Wald herum. Eines Tages verkündete er dann, dass er als Einsiedler im Wald leben möchte, und jetzt bringen wir ihm alle zwei Tage ein bisschen was zu essen. Er pflanzt zwar etwas Gemüse an, fängt Fische und manchmal auch 'nen Hasen, aber gebratenes Schwein, Rind oder Brot hat er nicht."
"Wenn ich sowieso sein Essen zubereite, kann ich es ja auch zu Ambrosius bringen", meinte KRUTZI plötzlich. Er wusste auch nicht, warum er das gesagt hatte, es kam einfach so über ihn, da hatte ihn wohl KROIXL geleitet.
"Abgemacht", meinten die Anderen. "Der Weg ist ohnehin sehr lang und beschwerlich. Wir sind froh, wenn wir ihn nicht gehen müssen. Du brauchst auch keine Angst vor Ambrosius zu haben. Er ist zwar recht wunderlich und spricht selten mit jemandem, aber er ist harmlos."

Sie beschrieben KRUTZI den Weg, und so kam es, dass KRUTZI sich schon am nächsten Tag zu Ambrosius aufmachte. Als KRUTZI nach einem be-schwerlichen Fußmarsch endlich ankam, war niemand zu sehen. Ambrosi-us hatte sich über dem Höhleneingang eine kleine Hütte aus Zweigen und Lehm gebaut und vor der Höhle eine Art Garten angelegt. KRUTZI sah sich vorsichtig um und stellte das Essen vor den Höhleneingang. So ging das einige Male, bis KRUTZI eines Tages aus der darüber liegenden Hütte eine Stimme hörte: "Komm' doch rein und trinke einen Tee mit mir." So be-gann die Freundschaft zwischen KRUTZI und Ambrosius. Ambrosius war nicht immer da, wenn KRUTZI mit dem Essen kam.

Eines Tages, als KRUTZI das Essen vor die Höhle stellte und wegging, hörte er hinter sich ein Geräusch. Er versteckte sich hinter einem Busch und beobachtete, wie ein Junge ganz ungeniert zur Höhle ging, den Teller nahm und anfing zu essen. KRUTZI stürzte aus seinem Versteck und rief: "Lass das in Ruhe, das ist für Ambrosius."
"Und was kümmert mich das?", rief der Junge.
KRUTZI spürte, wie er wütend wurde, aber er zögerte. Er kannte den Jungen, er gehörte zu einer Bande, die beim Schmied im Dorf arbeiteten, aber meistens die Leute auf dem Markt bestahlen und Tiere quälten. KRUTZI hatte diese Bande immer gemieden und überlegte, wie er sich jetzt verhalten sollte. Ihm war klar, dass der Junge auf Streit aus war und sich gar nicht besänftigen lassen wollte. KRUTZI wollte ihm eigentlich auch gar nichts tun, er wollte nur, dass er die Sachen von Ambrosius in Ruhe ließ. Trotz seiner Wut erinnerte er sich an die Worte von Ambrosius: 'Bleibe ruhig und stark und lasse die Wut der Anderen vorbei fließen.'
 Also atmete KRUTZI tief durch, wie Ambrosius es ihm beigebracht hatte: Tief in den Bauch und breit in die Brust bis hoch in die Schultern einatmen und von den Schultern bis in den Nabel die Luft wieder ausströmen lassen, so wie man einen Becher mit Wasser füllt und austrinkt. Dann ging er so ruhig, wie es ihm möglich war, auf den Jungen zu. Dabei versuchte er zu erahnen, was dieser vorhatte, aber auch für alle anderen Handlungen bereit zu sein. Der Junge hatte ein Messer gezogen. Als KRUTZI nach dem Teller griff, zog der Junge diesen zurück, und versuchte so, KRUTZI zu sich hin zu ziehen. Genau das hatte KRUTZI erwartet. Anstelle sich mitziehen zu lassen, verstärkte er die Bewegung des Jungen und gab dem Teller einen Schubs. Gleichzeitig nahm er den Schwung mit, fasste den Jungen am Oberkörper und warf ihn zur Höhle hin. Er landete mitten in einem stacheligen Brombeerbusch. Das Messer, das er noch in der Hand hielt, war einem Igel mitten durch das Herz gegangen. Aber der Junge war schnell. Er wusste, dass er aus einer brenzligen Lage am besten mit einer Ablenkung herauskäme. Nach einem kurzen Zögern schnitt er dem Igel den Kopf ab und warf ihn KRUTZI entgegen.
Darauf war KRUTZI nicht vorbereitet und wich dem Igelkopf aus. Im gleichen Moment stürzte sich der Junge auf KRUTZI, riss ihm das Kreuz vom

Hals und stieß ihn die Böschung hinab. Das Kreuz zerbrach er und warf es achtlos hinterher.

Als er gehen wollte, hörte er ein Rascheln unten am Bach. Er schaute nach unten und sah, wie sich ein alter Mönch über KRUTZI beugte. Ambrosius war zurückgekommen, hatte alles mit angesehen und war dahin geeilt, wo seine Hilfe am nötigsten war. Er schaute auf und sagte ruhig und freundlich:

"Sei gegrüßt! Nachher können wir zusammen Tee trinken, aber jetzt musst du herunter kommen und mir helfen."

Der Junge war so überrascht, dass er wie selbstverständlich die Böschung hinunter ging. Ambrosius hatte den regungslos daliegenden KRUTZI kurz untersucht und sagte:

"KRUTZI hat sich den Arm gebrochen und den Kopf angeschlagen, wir müssen ihn in die Höhle bringen. Ich packe ihn an den Schultern, und du nimmst die Füße."

So trugen sie KRUTZI nach oben, der langsam zu sich kam und stöhnte. Ambrosius sagte zu dem Jungen:

"Nun musst du noch Weiden- und Eichenrinde sammeln, damit ich KRUTZIs Wunden versorgen kann."

"Wie kommst du darauf, dass ich dir helfen werde, alter Mann?" fragte der Junge.

"Weil ich dich besser kennenlernen möchte, und du mich wahrscheinlich auch. Du hast mich mit dem, was du KRUTZI angetan hast, sehr erschreckt, aber ich will dich nicht vertreiben. Wer beseitigen statt verstehen denkt, hat den Krieg schon begonnen; ich aber möchte jede Himmelsschwingung, die mir begegnet, verstehen und ihr ins Leben verhelfen. Bei dir sind mir einige Unstimmigkeiten aufgefallen: Du wirktest erschrocken, als du gemerkt hast, dass du den Igel versehentlich getötet hattest. Du hast kurz gezögert, ihm den Kopf abzuschneiden, und du hast neugierig die Böschung hinab zu KRUTZI geschaut, nicht triumphierend oder schadenfroh. Ich weiß nicht, was zu deiner Himmelsschwingung passt, aber ich glaube, du wirst es schnell selbst herausfinden. Und außerdem – ich heiße Ambrosius. Dich werde ich KRATZI nennen. An KRUTZI ist mir gleich sein Kreuz aufgefallen, und bei dir sind es die Kratzer vom Brombeerbusch, also werde ich dich KRATZI nennen."

"Ich heiße aber Will, und was sind Himmelsschwingungen?", fragte der Junge.

"Das mit den Himmelsschwingungen erzähle ich dir beim Tee, und ich werde dich KRATZI nennen. KRATZI und KRUTZI, das finde ich lustig", antwortete Ambrosius und kicherte vor sich hin, "und nun geh. Wenn du etwas gegen deine Himmelsschwingungen gemacht hast, kannst du das nicht ungeschehen machen, aber du kannst es wieder gut machen, und deswegen wirst du helfen."

KRATZI war verwirrt, tat aber trotzdem, was Ambrosius ihm aufgetragen hatte. Kaum war er im Wald, ging alles fast wie von selbst. KRATZI fand sofort die Bäume, die er suchte, wusste auf einmal, welche Rindenstücke die besten waren, und sammelte zusätzlich noch einige Kräuter, von denen er meinte, dass sie hilfreich sein könnten. Als er wieder bei Ambrosius war, half er beim Verbinden der Wunden und dem Richten des gebrochenen Arms. Er hatte das Gefühl, nie etwas anderes gemacht zu haben. Als sie fertig waren, kochte Ambrosius für alle Tee aus den Kräutern, die er im Garten hatte. So saßen Ambrosius und KRATZI neben KRUTZI, der auf einer Strohmatte lag und langsam wieder zu sich kam.

Kaum hatte er Ambrosius neben sich erkannt, stammelte er entschuldigend:

"Tut mir Leid, Ambrosius, ich habe mich ablenken lassen und meine Standfestigkeit verloren."

"Ich hätte mir mehr Sorgen gemacht, wenn du dein Mitgefühl verloren hättest! Da bleibt es nicht aus, dass du abgelenkt bist, wenn ein Igelkopf auf dich zufliegt. Aber es ist gut, wenn du jetzt versuchst wieder zur Ruhe zu kommen," antwortete Ambrosius.

"Warum hast du mich eigentlich zum Tee eingeladen, bevor du wusstest, ob ich euch helfen oder mit dem Messer abstechen werde?" fragte KRATZI.

"Ich versuche den Eingebungen meiner Himmelsschwingung zu folgen, das macht mich manchmal etwas unberechenbar", antwortete Ambrosius.

"Und was sind jetzt diese Himmelsschwingungen?"

"Das ist eigentlich ganz einfach. Genauso wie dein Körper Teil der Natur ist, ist deine Himmelsschwingung in dir Teil des Weltgeistes oder Teil von Gott, wenn du es so nennen willst. Du kannst sie nur nicht sehen. Manchmal spürst du vielleicht einen inneren Drang, wenn sie dich zu etwas Bestimmten hinlenken oder dich von etwas abhalten möchte."

"Heute Morgen spürte ich so einen Drang zu deiner Höhle zu gehen, ich gehe den Weg sonst ja nie. Meinst du, das war meine Himmelsschwingung, die mich zu euch gelenkt hat?"

"Ja, das glaube ich ganz sicher. Ich dachte mir gleich, dass du eine gute Verbindung zu deiner Himmelsschwingung hast."

"Und was glaubst du, warum mich meine Himmelsschwingung zu euch geführt hat?"

" Lieber KRATZI, fange bitte erst gar nicht an, dir darüber Gedanken zu machen. Für uns Menschen muss alles einen Sinn und Zweck haben. Soweit ich Himmelsschwingungen kennen gelernt habe, geht es ihnen nur ums Dasein, darum sich mit Leben zu füllen. Genauer kann dir das kein Mensch auf der ganzen Welt sagen. Wichtig ist nur, dass wir uns nicht bemühen brauchen es zu verstehen."

"Das ist mir jetzt zu viel! Eine Himmelsschwingung, die ich nicht bemerke, mit einem Ziel, das ich nicht kenne, das will ich nicht. Was macht die Himmelsschwingung denn, wenn ich sie nicht beachte?"

"Deine Himmelsschwingung wird sich immer mit dem Leben füllen, das du ihr bietest. Wenn du dabei zu viele Gedanken hast, die nicht zu deiner Himmelsschwingung passen, muss sie diese im Himmel wieder loswerden, was schmerzhaft sein kann. Manchmal geschieht das auch nachts, wenn unsere Himmelsschwingungen dem Himmel am nächsten sind. Das kann dir sogar Albträume machen. Wir Menschen können uns gegenseitig helfen, unsere Himmelsschwingungen mit Leben zu füllen.

Aber nun, mein lieber KRATZI , ist das für jemand, der noch nie etwas von Himmelsschwingungen gehört hat, genug für heute. Gehe zurück und schlafe darüber. Du kannst wiederkommen, wann immer du willst. Ich möchte jetzt die 3 Igelkinder füttern, die wegen deiner Unachtsamkeit keine Mutter mehr haben, und mich dann hinlegen."

Auf seinem Weg zurück ins Dorf war KRATZI tatsächlich reichlich verwirrt. Er spürte, dass er etwas sehr Wertvolles erfahren hatte, aber er spürte auch, dass es für ihn nicht völlig stimmte. Das war nach Ambrosius auch nicht weiter schlimm, denn Ambrosius hatte betont, dass jeder Einzelne seine eigene Stimmigkeit hat, da alle Himmelsschwingungen ja unterschiedlich sind.

Auf seinem weiteren Weg kam er an der Ziegenweide vorbei, auf der er am Vortag mit seiner Bande mutwillig Steine auf die Ziegen geworfen hatte. Gestern hatte er sich noch geschämt, dass er nicht so heftig wie die Anderen mit Steinen geworfen hatte. Die Anderen hatten ihn verlacht, ihn einen Feigling genannt. Heute spürte er, dass Tiere Quälen nicht das war, was zu ihm passte. Plötzlich kam KRATZI eine Idee. Er nahm eine dicke Rindenborke, höhlte sie aus und legte ein Laubblatt hinein. So ging er zu einer Ziege, die ein prall gefülltes Euter hatte. Sie schien fast erleichtert zu sein, als KRATZI etwas Milch in seine Rindenschale molk. Sie wurde allerdings unruhig, als sie ein leises Blöken vernahm. KRATZI ging an die Stelle, von der das Blöken kam und sah ein kleines Zicklein, das offenbar verletzt am Boden lag und nicht mehr aufstehen konnte. Wahrscheinlich hatte es gestern ein Stein getroffen. Ohne lange zu überlegen versorgte KRATZI die Wunde des Zicklein, half ihm aufstehen und setzte es an die Zitzen der Mutter. Dann lief er eilig zu Ambrosius zurück und brachte ihm die Ziegenmilch.
"Ich dachte, wenn du die Ziegenmilch etwas verdünnst, können die Igelkinder sie trinken," sagte KRATZI, "ich möchte bei den Igeln etwas gut machen. Sie können doch auch leiden! " Nie zuvor hatte er so stark mit einem anderen Lebewesen mitgefühlt, und es fühlte sich richtig an. Ambrosius erkannte, dass etwas Wichtiges in KRATZI vorgegangen war, und reichte ihm eines der drei Igelkinder.
Auf dem Rückweg kam KRATZI ganz in Gedanken versunken an dem Waldstück vorbei, in dem er die Rinde für KRUTZIs Verletzung geholt hatte. Er bemerkte, dass sich einige Weidenäste auf merkwürdige Weise ineinander verflochten hatten. Er schnitt dieses Geflecht und noch ein paar weitere Äste mit seinem Messer ab und befestigte sie an seinem Gürtel.
Zurück in der Schmiede holte KRATZI die Weidenzweige heraus. Während er sie verträumt anschaute, kam ihm die Idee, aus den Weiden ein Kreuz zu flechten, das er dann kunstvoll mit ein paar Silberfäden (die hatte er zuvor mit seiner Bande gestohlen) durchwirkte. Dann schmiedete er noch eine Kette an das Kreuz.

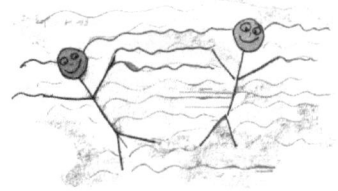

Die Himmelsschwingungen KRAIXL und KROIXL hatten sich zwar schon längst erkannt, aber KRATZI und KRUTZI wussten davon noch nichts. KRUTZI schien KRATZI gar nicht zu mögen. KRATZI war verwirrt und konnte sich selbst nicht erklären, warum er das Kreuz gemacht hatte. Einem inneren Drang folgend lief KRATZI mit dem Kreuz in der Hand zum Kloster, um KRUTZI abzupassen. Als er ihn sah, drückte er ihm einfach nur das Kreuz in die Hand und rannte ohne ein Wort sofort wieder zurück. KRUTZI blieb wie erstarrt stehen. KRATZI hatte richtig vermutet. KRUTZI mochte ihn nicht.

Umso erstaunter war KRUTZI, als KRATZI ihm das Kreuz schenkte. In KRUTZI ging jetzt etwas Merkwürdiges vor: Er hatte sich fest vorgenommen, nicht mehr gegen die Klosterregeln zu verstoßen. Doch jetzt konnte er nicht einfach zur Abendvesper gehen, als ob nichts geschehen wäre. Er war so aufgewühlt, er musste einfach allein sein. Also lief er hinaus in die Felder. Es wehte ein warmer Wind. KRUTZI breitete die Arme aus und ließ den Wind durch sich hindurch strömen. Er spürte eine Freude und Stärke in sich wie noch nie zuvor in seinem Leben. Das Kreuz hielt er immer noch fest in der Hand und spürte seine Kraft. KRUTZI war so übervoll von Glück und Kraft, dass er dies sofort mit Jemandem teilen wollte. Also lief er zu Ambrosius. Dieser erkannte sogleich seine freudige Aufregung und lud KRUTZI zum Tee ein.

"Lieber KRUTZI", sprach ihn Ambrosius an, "ich sehe eine große Freude in dir. Ich wünsche, dass dir diese Freude lange erhalten bleibt, und ich kann dir vielleicht helfen sie auch zu bewahren. Komm setz dich."

KRUTZI war so aufgeregt, dass er kaum still sitzen konnte und sprudelte gleich los: "Stell dir vor, das hätte ich nie gedacht, KRATZI hat mir ein Kreuz geschenkt, das mich so richtig stark macht, viel mehr als das erste sogar."

"So, mein junger Freund, das freut mich sehr für dich, und ich freue mich auch, dass du deine Freude mit mir teilen willst, das macht mich sehr glücklich. Damit deine Freude lange anhält, möchte ich dich vor einem kleinen Irrtum bewahren. Du hast die wunderbare Fähigkeit, dich mit Menschen zu verbinden, so konntest du mit KRATZI freudig mitschwingen, als er dich beschenkte. Allerdings denke ich, dass deine Freude auch von deiner Himmelsschwingung selbst kommt, die sich mit Leben füllt. Sonst hast du viel für Andere getan, die dir dankbar waren. Jetzt hast du ein Geschenk einfach so bekommen, und du hast es annehmen können. Das hat deine Himmelsschwingung mit Leben gefüllt. Die Freude und Kraft, die du jetzt spürst, kommt wesentlich von der Verbindung mit deiner Himmelsschwingung, egal ob du das Kreuz hast oder nicht. Je mehr du danach strebst, mit deiner Himmelsschwingung in Verbindung zu bleiben, desto länger wirst du dieses Glück spüren. Die Verbindung selbst kannst du nicht erzwingen. Du kannst danach streben, dann wird sich die Schwingung von selbst bemerkbar machen. Wahrscheinlich nicht so außergewöhnlich wie vorhin, vielleicht spürst du eher innere Ruhe und Stimmigkeit. Wenn dir das Kreuz dabei hilft, ist es gut, aber das Glück kommt vor allem von der Verbindung zu deiner Himmelsschwingung. Finde selbst den Weg, der für dich stimmig ist.

Wir können nie wissen, welche Schwingungen unserer Himmelsmuster gerade lebendig werden sollen. Es muss noch nicht einmal mit unseren Wünschen übereinstimmen oder mit dem, was wir für gut und richtig halten. Es passiert, und wir fühlen uns stark und gut, so wie es dir gerade geschehen ist!"

Auch KRATZI hatte eine außergewöhnliche Begegnung auf seinem Rückweg. Kurz bevor er das Dorf erreichte, überkam ihn das Bedürfnis, nach den Ziegen zu sehen. Also rannte er zurück. Kurz vor der Ziegenweide sah er Thomas, den Anführer seiner Bande, der mit Steinen nach etwas warf, das noch vor KRATZIs Blicken verborgen war. Da er die Bösartigkeit seines Anführers kannte, fürchtete KRATZI um die kleinen Zicklein und eilte zu ihnen. Plötzlich hörte er neben sich eine Stimme rufen: "Halt ein, KRATZI, und komm' mit mir."

KRATZI drehte sich zu der Stimme hin und sah den alten Ziegenhirten Hans vor ihm stehen.

"Aber siehst du nicht, dass Thomas deine Ziegen quält?" schrie KRATZI aufgeregt.

"Nein, das sehe ich nicht, und wenn wir auf den Hügel gehen, sehen wir beide besser, was vor sich geht" entgegnete Hans. Dabei hielt er KRATZI an der Schulter fest, so dass er nicht wegrennen konnte. Auf dem Weg den Hügel hinauf fragte Hans:

"Weißt du eigentlich, warum Ambrosius seine Hütte so merkwürdig auf den Felsen gebaut hat?"

"Das interessiert mich jetzt überhaupt nicht", entgegnete KRATZI, während Hans ihn immer weiter nach oben zerrte.

"Nun gut, jetzt müssten wir weit genug sein, schau dir jetzt an, wonach Thomas wirft", forderte Hans KRATZI auf. KRATZI drehte sich um und sah, dass Thomas Steine auf ein Holzgerüst warf, auf dem ein Fell mit aufgemalter Zielscheibe aufgespannt war. Das hatte KRATZI nicht erwartet.

"Was soll denn das?" fragte KRATZI überrascht.

"Ich dachte, dass du das nicht erwartet hättest, deswegen wollte ich dich ja vorbereiten und habe dich nach Ambrosius' Hütte gefragt."

"Und was hat Thomas mit Ambrosius' Hütte zu tun?"

"Weißt du, ich habe von Ambrosius sehr viel gelernt. Als er das erste Jahr hier war, lebte er noch in der Höhle und wurde im Frühjahr bei der Schneeschmelze vom Hochwasser überrascht. Deswegen wollte er sich eine Hütte bauen. Er wusste nur nicht, wo. Aber er sagt immer: 'Probleme sind dazu da, angegangen zu werden, auch wenn wir sie nicht lösen können.' Also wartete er den nächsten Regen ab und beobachtete genau, wie das Wasser floss.

Er sagte:

'Ströme kannst du auf Dauer nie aufhalten, da gewinnst du nur kurz, auch wenn Dämme sehr beeindruckend aussehen. Strömen musst du Auslauf geben oder ihnen einen anderen Weg anbieten, hindern kannst du sie nicht. Und du musst selbst so stark sein, dass dir nichts etwas anhaben kann, egal was die Ströme oder die Anderen machen. Deswegen plane ich meine Hütte sehr sorgfältig und in Ruhe.'

Die Worte von Ambrosius habe ich in meinem Herzen bewegt und denke, dass sie auch auf Menschen zutreffen.

Du kannst den Drang eines Menschen nur kurz behindern, aber nicht aufhalten. Thomas hat einen starken Drang zu Grausamkeit und Gewalttätigkeit. Als ihr vor ein paar Tagen Steine auf meine Ziegen geworfen habt, bin ich fast wahnsinnig vor Wut geworden. Aber von Ambrosius habe ich auch gelernt, dass ich nie etwas Wichtiges tun oder entscheiden soll, wenn ich im Inneren aufgewühlt bin, egal ob vor Freude oder Wut. Also bin ich in den Wald und habe laut geschrien, geweint und getanzt. Ich tanze immer, um mich ruhig und stark zu fühlen, egal ob ich froh, betrübt oder wütend bin. Als ich mich dann beruhigt hatte, habe ich mir überlegt, wie ich den Drang von Thomas auf etwas umlenken könnte, das mir und meinen Ziegen nicht weh tut. Als ich ihn dann heute sah, nutzte ich den Überraschungseffekt und lud ihn auf einen Happen Ziegenbraten zu mir ein. Er war tatsächlich so überrascht, dass er seine Feindseligkeit für einen Augenblick vergaß und mitkam.

Ich habe ihm gesagt, dass ich meine Ziegen sehr gern habe, sie vor weiteren Steinwürfen schützen möchte, und das mit ihm regeln will. Ich habe ihn gefragt, was ihm so wichtig daran ist, Steine nach meinen Ziegen zu werfen. Er meinte, dass ihm alles egal sei und es ihm Spaß mache, andere leiden zu sehen.

Als ich das hörte, musste ich meinen aufsteigenden Ärger ziemlich beherrschen. Ich fand im weiteren Gespräch aber heraus, dass es seine eigene Ohnmacht war, die er nicht mehr so arg spürte, wenn er andere quälen konnte. Dann kamen wir darauf, dass es sinnvoller ist, die Ursache der Ohnmacht selbst anzugehen, nämlich einerseits zu üben sich selbst stark zu fühlen ohne andere zu demütigen und andererseits diejenigen anzugehen, vor denen er sich ohnmächtig fühlt.

Es stellte sich heraus, dass ihm das Werfen an sich Freude machte, und er sich stark dabei fühlte. Und wenn er später einmal gegen Menschen kämpfen sollte – und ich vermute, dass ihn sein Weg dahin führt – muss er ja auch treffen können. Deswegen haben wir das Holzgestell zum Üben gebaut. Ich weiß, dass ich mich vor ihm noch in Acht nehmen muss, und seine Stimmung jederzeit umschlagen kann, aber darauf muss ich mich eben selbst vorbereiten.

Die Geschichte von Hans

Weißt du, früher habe ich immer versucht, Andere von meiner Meinung zu überzeugen, jetzt habe ich mehr Freude daran, Anderen zu helfen, ihren eigenen Weg zu finden. Ambrosius nennt das, seine Himmelsschwingung mit Leben zu füllen. Ich weiß gar nicht, ob es überhaupt so etwas wie Himmelsschwingungen gibt. Außer Ambrosius scheint keiner so etwas zu kennen. Aber wahrscheinlich meinen wir das Gleiche. Dafür kenne ich mich vielleicht etwas besser in der Wirklichkeit aus.

Ich weiß, dass das größte Hindernis für den eigenen Weg die Gewohnheit ist. Ich bin auf der Landstraße aufgewachsen. Es war selbstverständlich, dass alles dreckig war, und wir auch Ratten gegessen haben. Es war einfach so, und alle Anderen machten es genauso. Es fühlte sich gut an, in einer Gemeinschaft mitzuschwingen und aufgehoben zu sein. Geklaut haben wir natürlich auch, aber da ging unsere Gemeinschaft etwas auseinander. Die meisten von unserer Gruppe nahmen sich einfach alles, was sie kriegen und zu Geld machen konnten, und landeten oft im Gefängnis. Und sie waren wütend auf alle, die mehr hatten als sie und sie verachteten.

Mein Vater war anders. Er sagte immer: 'Nimm dir nur das, was du brauchst, und je weniger du brauchst, desto freier bist du.' Klar wurde ich auch mal erwischt und landete im Gefängnis, aber da die Leute im Dorf mich langsam kannten und wussten, dass ich nur das Nötigste stahl, steckten sie mir auch öfter mal was zu, und so fand ich sie ganz nett und wollte ihnen nicht weh tun.

Ich habe ihnen sogar manchmal geholfen, nicht aus Dankbarkeit, sondern weil es sich stimmig anfühlte.

Ich denke, die ganze Natur funktioniert so, dass jeder das macht, was in seiner Art richtig und stimmig ist. Der Weltgeist – wie Ambrosius immer sagt – hat es so eingerichtet, dass Andere damit etwas anfangen können. Es ging mir gut: Meine Eltern und die Landstreichergemeinschaft waren bei mir, ich nahm mir, was ich brauchte, und tat, was sich gut anfühlte. Unglücklich oder wütend wurde ich nur, wenn mich Leute, die mich nicht kannten, verachteten, weil ich Ratten aß und dreckig war. Oder die Angst vor uns hatten, weil wir sie beklauten. Für uns war das normal, aber die, die Angst vor uns hatten, ließen uns verfolgen und einsperren, weil sie es so gewohnt waren und nicht gelernt hatten, von sich aus stark zu sein oder mit Anderen mitzufühlen.

Mit der Zeit wurden mir ihr Hass und ihre Verachtung zur eigenen Gewohnheit. Ich fühlte, dass ich nichts wert war, und war unglücklich. Als mein Vater dann lange Zeit im Gefängnis war, und meine Mutter in dieser Zeit an Fieber starb, wuchs in mir der Hass auf alle, die diese Zustände zuließen. Ohne dass ich es merkte, hasste ich mich selbst in meinem Elend. Ich hatte den Hass der Anderen, die uns verachteten, übernommen und fand das normal. Trotzdem machte ich diese Anderen dafür verantwortlich, dass es mir schlecht ging. All das änderte sich erst, als ich Ambrosius begegnete. Bei ihm gab's nichts zu klauen, aber er lud mich zum Tee ein, behandelte mich wie seinesgleichen und verachtete mich nicht. Er erzählte mir was von Himmelsschwingungen, was ich nicht verstand. Aber er hatte etwas in mir angestoßen, was ich lange nicht mehr in mir gespürt hatte und was mir meine Achtung vor mir selbst zurückgab. Es brachte mich auf den Weg, den ich für mich richtig und stimmig empfinde. Jetzt bemühe ich mich, Anderen auch zu ihrem Weg zu verhelfen. Das braucht Zeit und Geduld. Wenn jemand nicht gewohnt ist, auf seinen eigenen Weg zu achten, ja vielleicht gar nicht weiß, dass es einen eigenen Weg für ihn gibt, braucht es zunächst den Wunsch danach. Doch das reicht nicht aus, denn die Gewohnheit ist immer stärker als die Einsicht. Nötig sind viele kleine Schritte, um aus einer Gewohnheit eine andere zu machen. Ich hoffe, dass ich Thomas auch zu diesem Wunsch und einer neuen Gewohnheit verhelfen kann.

Und du, KRATZI, weißt du schon, wonach du strebst?"
"Im Moment bin ich sehr aufgewühlt, lieber Hans. Die Begegnung mit dir,
Ambrosius und KRUTZI, zusammen mit dem, was Thomas jetzt macht,
deine Ziegen, die Igel von Ambrosius und das Kreuz von KRUTZI. Ich bin
sehr durcheinander, spüre aber, dass sich etwas Wichtiges in mir bewegt.
Ich weiß jetzt nicht einmal, was gut für mich wäre. Ich glaube, ich strebe
nach Ruhe in mir. Ich danke dir sehr für alles."
"Leb wohl", antwortete Hans.
Und wirklich brauchte es einige Zeit, bis KRATZI zur Ruhe kam. Er
durchstreifte ziellos Wiesen und Wälder, bis er erschöpft ins Dorf
zurückkehrte. Dann versuchte er mit den Jungs von seiner Bande zu
reden, aber die interessierten sich nicht mehr für ihn, er schien ihnen
irgendwie verändert. Selbst Thomas wollte nicht darüber reden, was er
bei Hans machte. So kam es, dass KRATZI einem inneren Drang folgend zu
Ambrosius' Höhle ging. Zunächst nur, um sich um die Igelkinder zu
kümmern, dann begann er Ambrosius zu helfen, wenn etwas an seiner
Hütte ausgebessert werden musste. KRATZI war ein geschickter
Handwerker. Er merkte, dass er sich wohl fühlte, wenn Ambrosius und
KRUTZI in seiner Nähe waren. Er lauschte gern ihren Gesprächen, auch
wenn er sich nicht daran beteiligte. Er fühlte Ruhe in sich, es fühlte sich
gut und stimmig an.

Eines Tages kam KRATZI etwas unruhig bei Ambrosius an und gab ihm ein
Säckchen mit den Worten: "Ich habe euch ein paar Honigkuchen für euren
Tee mitgebracht, aber ich weiß nicht, ob ihr sie auch mögt."

"Warum sollten wir sie nicht mögen?" fragte Ambrosius.

"Ich habe sie nicht gekauft, sondern geklaut", gab KRATZI widerwillig zu.

"Solche Honigkuchen macht nur Stefan, der beste Honigbäcker im Dorf; dem gebe ich häufig Honig von meinen Bienen; hast du den beklaut?" fragte Ambrosius.

"Nein, der Stefan ist ein Lieber, den würde ich nicht beklauen. Ich hab' die Kuchen von dem fetten Händler, der gestern ins Dorf gekommen ist, und der ist wirklich fies."

"Dann setz' dich mal her, KRATZI, und erzähle, was passiert ist."

Die Geschichte der 3 Honigküchlein

"Ich bin immer noch ziemlich wütend. Vielleicht hätte ich eine Nacht drüber schlafen sollen, aber vielleicht hätte ich dann noch mehr geklaut.

Es ist immer das Gleiche: Die Leute hassen die, die mehr haben als sie, weil sie ihnen vorschreiben, wie sie zu leben haben; und sie verachten die, die weniger haben, als ob sie daran selbst Schuld wären. Und immer wollen sie mehr als sie brauchen.

Stell' dir nur vor, der Händler ging einfach zu Stefan, nahm all seine Kuchen und gab ihm einen Gulden dafür. Stefan sagte, das wäre viel zu wenig, aber der Händler sagte, er solle froh sein, dass er überhaupt etwas dafür bekommen würde, und ging fort. Es war Diebstahl, denn für den Gulden hätte Stefan ihm höchstens die Hälfte gegeben. Der Händler ging nun auf den Marktplatz und verkaufte Stefans Küchlein für zehn Gulden, und behielt noch ein paar Küchlein über. Die Leute auf dem Markt schrien 'Wucher' und drohten dem Händler damit, ihn zum Richter zu schleppen. Der Händler schnaubte daraufhin verächtlich: 'Entweder ihr kauft bei mir, oder ihr könnt euch die Kuchen aus dem Dreck holen.'

Dabei nahm er eine Handvoll Küchlein und schmiss sie in einen Haufen Pferdemist auf der Straße. Nun kauften die Leute fluchend und wutschnaubend bei ihm, weil er der einzige war, der Kuchen verkaufte.

Dann sah ich an einer Ecke des Marktes Josef, den Köhler. Ich kenne ihn aus meiner Kindheit, da er im gleichen Wald lebt wie ich, bevor meine Eltern mich zum Schmied gegeben haben. Josef mag ich auch sehr gern. Er ist arm wie fast alle Köhler, er hat eine Frau und drei Kinder, die er nur mühsam ernähren kann. Nun sah ich, wie Josef dem Händler vom Wagen drei Küchlein klaute. Leider war ich nicht der Einzige, der das sah. Der Händler bemerkte es auch. Sofort schrie er nach einem Wachmann, ließ Josef festnehmen und gleich zum Richter schleppen. Die Leute, die Josef und den Händler zum Richter begleiteten, murrten und zeigten Mitleid mit Josef. Auch der Richter war nicht gut auf den Händler zu sprechen. Offenbar hatte der ihn auch schon mal betrogen. Also hielt ihm der Richter einen Vortrag, dass er mittlerweile so viele Leute betrogen hätte, dass er das ergaunerte Geld sein Lebtag nicht ausgeben könne. Der Händler erwiderte, dass die meisten Leute doch selbst Schuld seien, wenn man sie betrüge. Die eigentlichen Verbrecher wären solch ein Gesindel wie Josef, die noch nicht einmal ihre Strafen bezahlen könnten, wenn sie was verbrochen hätten Er, der Händler, hingegen hätte genügend Geld, um Strafen und sogar noch etwas mehr zu bezahlen. Der Richter witterte seinen Vorteil und urteilte, dass Stefan selbst Schuld sei, dass der Händler ihn betrogen hätte. Den Händler aber verurteilte er dazu, für seine Wucherpreise zehn Gulden in die Gemeindekasse zu zahlen. Nachher sah ich, dass der Richter noch zusätzlich fünf Gulden in seine eigene Tasche steckte.

Zu Josef sagte er jedoch: 'Gleichgültig wie arm du bist, Diebstahl bleibt Diebstahl und muss bestraft werden. Du bekommst gleich zehn Hiebe und wanderst für eine Woche ins Gefängnis! ' Das hat mich so wütend gemacht. Der fette Händler hat jetzt schon mehr als genug und rafft immer weiter. Da bin ich einfach hin und habe ihm diese Kuchen geklaut.

Ich mag sie selbst gar nicht essen, es zog mich zu euch! Nachher gehe ich ins Dorf und stelle mich dem Richter. Dann ist Josef nicht so allein."

"Das ist wirklich eine böse Sache", sagte Ambrosius, "wenn jeder nur das nehmen würde, was er braucht, wäre genug für alle da. Es ist Glück und Unglück zugleich, dass jeder nur für sich selbst bestimmen kann, was er braucht. Kaufleute allerdings scheinen es damit besonders schwer zu haben. Sie sind so die Gier gewohnt, die in ihrer Gilde herrscht, dass sie gar nicht merken, was sie sich und Anderen damit antun. Leider haben sich auch die Anderen so sehr daran gewöhnt, dass sie die Regeln von reichen Mächtigen vorgeschrieben bekommen, dass sie dies für normal halten. Ein Stadtschreiber sagte mir einmal, dass die Frage nach der Macht bedeutet, wer wen bewegt. Ich halte das für eine kluge Erkenntnis. Leider habe ich das Gefühl, dass viel zu viele Menschen sich lieber bewegen lassen wollen als selbst ihre Bewegung zu bestimmen. Unmut entsteht erst dann, wenn die Bewegung gegen ihren Willen erfolgt, und Leid, wenn sie gegen die Himmelsschwingungen erfolgt. Das größte Unglück ist es aber, wenn die Beweger vergessen, dass sie keine Spielfiguren bewegen, sondern Menschen, die genauso wie sie selbst ihre Himmelsschwingungen verwirklichen wollen. Das haben viele Kaufleute vergessen.

Ich habe in meinem ganzen Leben nur einen Kaufmann kennengelernt, der unter dieser Gier gelitten hat. Sein Vater hatte ihm einen sehr guten Rat auf seinen Lebensweg mitgegeben:

'Tue das, was du sagst.

Sage das, was du denkst.

Denke das, was du bist.'

Der Kaufmann war betrübt, dass er ihn nicht befolgen konnte.

Ich sagte dem Kaufmann, dass ich das für einen sehr weisen Rat hielte, und seine Schwierigkeit sähe, ihn zu befolgen. Andere sehen nur unser Tun. Für unsere Himmelsschwingungen aber ist es nur wichtig, was wir denken und welche Entscheidungen wir treffen. Leider ist das, was wir so alltäglich wollen, nicht unbedingt das, was unserer Himmelsschwingung entspricht. Deswegen gaben schon Griechen vor langer Zeit das Lebensmotto aus: 'Erkenne dich selbst.' Und sobald du in Einklang mit dir bist, dir also nicht mehr selbst im Weg stehst, bist du frei, dich anderen und der Welt zu öffnen. Ich denke, dass es genau das ist, was Jesus auch gemacht hat. Aber das erzähle ich euch ein anderes Mal.

Ich sah den Kaufmann nie wieder, aber beeindruckt hat mich, dass er mir beim Abschied sagte, allein um die Himmelsschwingungen zu wissen, sei schon ausreichend. Denn nun könne er darauf achten. Mir hat er geholfen mich daran zu erinnern, dass Menschen zwar meistens von ihrer Umgebung und ihrer Gewohnheit geprägt sind, aber man sie nur beurteilen darf, wenn man sie persönlich kennen gelernt hat. Und auch die scheinbare Erkenntnis, dass Kaufleute gierig und gemein sind, ist genau genommen ein Vorurteil. Eine der größten Gaben, die wir Menschen erhalten haben, nämlich die Fähigkeit aus wenigen Hinweisen den geistigen Hintergrund, die Gesetzmäßigkeit, zu erkennen, kann leicht zum größten Fluch werden, wenn wir beim nächsten Mal diese scheinbare Erkenntnis verallgemeinernd als Tatsache ansehen. Das nennt man zu Recht Vor-Urteil."

"Ich möchte aber kein Mitgefühl mit dem gemeinen fetten Händler haben müssen, ich möchte lieber Gesetze haben, die solche Gier und Wucher verbieten und allen das zugestehen, was sie brauchen", sagte KRATZI.

"Deine Empörung ist verständlich, aber sie ist keine gute Grundlage für Entscheidungen, und mehr als gute Gesetze brauchst du Menschen, die sich daran halten wollen.

Trotzdem fände ich es schön, wenn du eines Tages für bessere Gesetze sorgen könntest. Aber dafür musst du erstmal deine Strafe verbüßen, und KRUTZI muss dir Lesen und Schreiben beibringen. Übrigens, wenn KRATZI seine Strafe verbüßt hat, müssen wir uns hier wieder zum Tee treffen, ich habe mit euch etwas Wichtiges zu besprechen."

KRATZI wurde genauso wie Josef zu zehn Hieben und einer Woche Gefängnis verurteilt. KRUTZI besuchte KRATZI häufig und fing an, ihm Lesen und Schreiben bei zu bringen. Da war die Zeit gut genutzt.

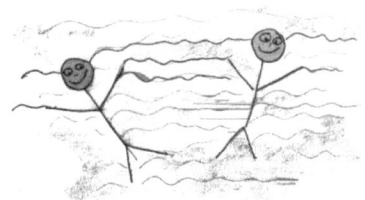

Ihre Himmelsschwingungen KRAIXL und KROIXL hatten schon lange begonnen miteinander zu schwingen, und jetzt endlich kamen sich auch KRATZI und KRUTZI näher.

Nachdem KRATZI seine Strafe verbüßt hatte, gingen die Beiden gemeinsam zu Ambrosius. Sie waren gespannt, was Ambrosius so dringend mit ihnen besprechen wollte. Ambrosius bot ihnen wie gewöhnlich Tee an und fragte KRATZI, wie er seine Gefängnisstrafe überstanden hätte. Nach einer Weile wurde er stiller und fragte dann, ob

KRUTZI und KRATZI schon aufgefallen wäre, dass er in letzter Zeit etwas verwirrt sei und einige Sachen vergessen würde. 'Nein', antworteten KRATZI und KRUTZI.

"Aber mir kommt es so vor, als wolle sich mein Geist von mir verabschieden", sagte Ambrosius. "Es gibt noch so viele Dinge über Himmelsschwingungen und das Leben zu erzählen, und jetzt bleibt uns nicht mehr viel Zeit. Ich habe keine Angst davor zu sterben. Ich schätze, meine Himmelsschwingung ist darauf vorbereitet, jederzeit wieder zum Himmel zurückzukehren.

Ich möchte das aber nicht beschleunigen, denn wer weiß, was meine Himmelsschwingung noch alles erleben möchte? Ich möchte euch nur darauf vorbereiten, dass wir langsam voneinander Abschied nehmen müssen. Unsere Himmelsschwingungen werden sich immer finden und verstehen, egal wo und in welchem Zustand wir sind. Ihr müsst euch überlegen, was ihr mit mir machen wollt, wenn ich meine Worte und Taten nicht mehr kontrollieren und nicht mehr allein in der Hütte leben kann. Es wäre schön, wenn ich nicht zu viel leiden müsste, aber vielleicht ist es auch gerade das, womit sich meine Himmelsschwingung noch füllen möchte. Keiner weiß das. Ihr kennt mich am besten, und ich vertraue all euren Entscheidungen. Und denkt immer daran, was ich euch von dem chinesischen Meister erzählt habe: 'Seid nicht traurig, dass es vorbei ist, sondern freut euch, dass es gewesen war.'"

KRUTZI und KRATZI waren bestürzt, als sie die Worte von Ambrosius vernahmen. Sie versprachen noch häufiger als zuvor zu Ambrosius zu kommen, um sich so viel wie möglich an seiner Gegenwart zu erfreuen. Es geschah so, wie Ambrosius es vorausgesagt hatte: Er wurde immer verwirrter, musste gefüttert und gewaschen werden, und eines Tages erkannte er sogar KRATZI und KRUTZI nicht mehr. Trotzdem schien er sich in ihrer Nähe weiterhin wohl zu fühlen. KRATZI und KRUTZI überlegten, was sie mit Ambrosius tun könnten, denn mittlerweile brauchte er Hilfe bei Tag und Nacht.

KRATZI und KRUTZI schliefen abwechselnd in seiner Höhle. KRUTZI durfte aber nicht zu lange vom Kloster wegbleiben, und KRATZI musste nachts oft auf das Feuer in der Schmiede aufpassen. Im Dorf kannten sie niemand, der sich auf Dauer um Ambrosius kümmern konnte, aber das Kloster schien ein geeigneter Ort zu sein. KRUTZI könnte sich dann besser um ihn kümmern, und KRATZI könnte ab und zu als Handwerker im Kloster arbeiten.

KRATZI hatte nämlich die Schmiede verlassen, nachdem Thomas bei einem Unfall ums Leben gekommen war.

Die Geschichte von Thomas

Thomas hatte einen Unfall auf der Ziegenweide von Hans. Er hatte mittlerweile ein paar Jungs seiner Bande zum Steine-Ziel-Werfen mitgenommen, und sie wollten nun mit Pfeil und Bogen Schießen üben. Dabei traf der Pfeil eines Jungen Thomas in die Schulter. Hans brachte ihn zwar schnell zum Bader ins Dorf, aber die Wunde entzündete sich, und Thomas starb. Die Leute im Dorf freuten sich fast, dass sie Thomas so schnell los wurden; sie schimpften auf ihn und sagten, sein früher Tod sei die Strafe für seine bösen Taten. Hans sah das nicht so, begrub Thomas auf der Ziegenweide und bat KRATZI, ein schönes Kreuz für das Grab zu machen.

KRATZI machte sich an die Arbeit, er kam aber nur langsam voran. Vor dem Schmiedefeuer überkam ihn plötzlich eine ungewohnte Müdigkeit, und er nickte ein.

Er träumte von einer schwarzen Schlange, die in einer Art Spinnennetz gefangen war, aus der sie sich zu befreien suchte. Einen großen Teil hatte sie schon geschafft, aber einige Fäden schienen schmerzhaft mit der Schlange verwachsen zu sein. 'Die kann ich wegbrennen', träumte KRATZI und näherte sich im Traum mit einem glühenden Eisenstab.

Von dem brenzligen Geruch wachte KRATZI auf. Ein Ende des Kreuzes war zu dicht an das Feuer gekommen und war schwarz angekokelt. Das Holz selbst war zu feucht, um richtig zu brennen. 'Eigentlich passt das zu Thomas', dachte KRATZI und kokelte auch noch die anderen Enden an. Dann ging er zu Hans, der dabei war, ein paar Bäumchen um das Grab zu pflanzen.

Hans seufzte: "Es ist immer traurig, wenn ein Leben so früh endet, auch wenn fast alle denken, es sei ein böses Leben gewesen. Wer weiß, wohin ihn sein Weg noch geführt hätte."

"Das kann dir keiner sagen. Sogar Ambrosius ist sich nicht sicher, ob unsere Himmelsschwingungen alles voraus sehen können", antwortete KRATZI.

"Vielleicht war es Zufall, vielleicht war Thomas' Schwingung mit dem, was er mit Bogenschießen und Bandenführen an Stimmigkeit erreicht hat, zufrieden. Wenn wir jetzt aufrichtig an ihn denken, können wir seine Schwingung im Himmel stärken – das meint zumindest Ambrosius", sagte KRATZI; "und wir können sicher sein, sagt Ambrosius, dass keine Schwingung im Weltgeist verloren geht." "Ich gehe jetzt hinauf und setze mich unter meinen Lieblingsbaum."

Kaum saß KRATZI unter dem Baum, schlief er gleich wieder ein. Wieder träumte er von der Schlange, die diesmal aber von allen Spinnfäden befreit war und sich in eleganten Schwingungen von KRATZI entfernte. KRATZI verspürte keinen Drang, der Schlange in die Düsternis zu folgen, fühlte aber, dass es für die Schlange stimmig war. Als er wieder erwachte, fühlte er sich erfrischt und stark. Er erinnerte sich an seinen Traum und an die Warnung von Ambrosius, dass Träume nicht so bedeutsam seien, wie sie uns erscheinen mögen. Trotzdem hatte KRATZI die innere Gewissheit, dass seine Hinwendung zu Thomas seiner Himmelsschwingung geholfen hatte.

Im Kloster waren sie nicht begeistert darüber, Ambrosius aufzunehmen. Die meisten kannten ihn gar nicht mehr. Aber der Klostervorsteher fühlte sich seinem Klosterbruder verpflichtet, so dass er einwilligte, Ambrosius bis zu seinem Tod im Kloster zu betreuen. KRUTZI selbst arbeitete nicht in der Krankenbetreuung, besuchte Ambrosius jedoch, so oft er konnte. Es ging lange Zeit gut, soweit Ambrosius nur verwirrt, aber friedlich war. Dann wurde Ambrosius aber zunehmend laut und angriffslustig, warf Gegenstände nach seinen Pflegern und schrie sie an, solange bis sich keiner mehr um Ambrosius kümmern wollte. KRATZI und KRUTZI waren verzweifelt, was sollten sie jetzt tun? Es war offensichtlich, dass Ambrosius' Geist sich von ihm entfernt hatte, aber KRUTZI und KRATZI hatten beide das Gefühl, dass seine Himmelsschwingung noch irgendetwas im Leben wollte. Da die Klosterbrüder ihrerseits nicht verstanden, was KRUTZI und KRATZI an Ambrosius fanden, fingen KRUTZI und KRATZI an, ihnen von Ambrosius und seiner Vorstellung von den Himmelsschwingungen zu erzählen, denn diese Vorstellung unterschied sich von dem, was im Kloster gelehrt wurde, und sie meinten, dass

Ambrosius sich von Gott und Jesus entfernt hätte. Auch das konnten KRATZI und KRUTZI klären. Sie erzählten den Klosterbrüdern, dass für Ambrosius das wichtigste an Jesu war, dass er bedingungslos seine Himmelsschwingung verwirklicht hatte – gegen alle Widerstände, Tabus und Verurteilungen. Seine Aufforderung ihm nachzufolgen verstand Ambrosius als Aufruf an jeden seinen eigenen Himmelsschwingungen zu folgen. Dabei wollte er sich nicht gegen die Ordensregeln richten, die er an sich sehr sinnvoll fand – besonders das ausgewogene Verhältnis zwischen Aktivität und Muße im 'Ora et labora' – aber er meinte auch, dass mittlerweile zu viele verschiedene Meinungen in der Kirche vorhanden seien, und dass somit eine persönliche Auslegung gerechtfertigt sei: 'Ich aber sage mir…'.

Diejenigen Brüder, die Geduld genug hatten um zuzuhören, änderten allmählich ihre Abneigung gegen Ambrosius und bemühten sich mehr um ihn.

Eines Abends trafen sich KRUTZI und KRATZI in Ambrosius' Zelle. Ambrosius lag friedlich in seinem Bett, schien weder KRATZI noch KRUTZI zu erkennen, lächelte ihnen jedoch freundlich zu. KRUTZI ergriff das Wort und sagte: "Lieber Ambrosius, du wirst dich nicht daran erinnern, wie viele schöne Stunden wir zusammen verbracht haben. Du hast uns so viel von Himmelsschwingungen erzählt und uns auf unseren eigenen Weg gebracht. Wir sind dir so dankbar und traurig, dass wir dir nicht besser helfen können. Und jetzt gehen KRATZI und ich fort. Wir werden uns nicht wiedersehen, aber etwas in dir weiß, dass wir immer verbunden bleiben. Lass uns jetzt in diesem Leben voneinander Abschied nehmen."

Mit diesen Worten beugte sich KRUTZI zu Ambrosius, und auch KRATZI schloss sich der Umarmung an. Die drei verharrten eine Zeitlang so, während die Himmelsschwingungen KROIXL und KRAIXL der Himmelsschwingung von Ambrosius mitteilten: "Wir schwingen mit dir", und die von Ambrosius antwortete: "Füllt euch mit Leben." Es fühlte sich stimmig an, und so ging jeder seinen Weg weiter.

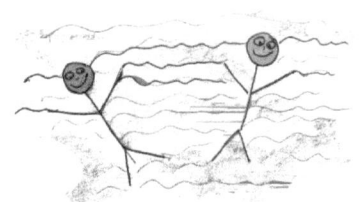

KRAIXL und KROIXL konnten sich noch mit viel Leben füllen, bevor sie zurück in den Himmel kehrten und dort von den Himmelsschwingungen von Ambrosius, Bruno, Hans, Josef und Thomas willkommen geheißen wurden. Sogar die Schwingung des fiesen fetten Händlers wollte sich ihnen nähern, sie hatte es aber nicht geschafft, sich aus ihrem dichten dunklen Fadennetz zu befreien, so dass sie wie in einem Kerker von den anderen getrennt blieb.

KRAIXL und KROIXL dagegen mussten kaum Schwingungsfäden abstreifen und freuten sich schon auf zukünftige gemeinsame Leben, in denen sie weitere Teile ihrer Himmelsschwingung mit Leben füllen würden.

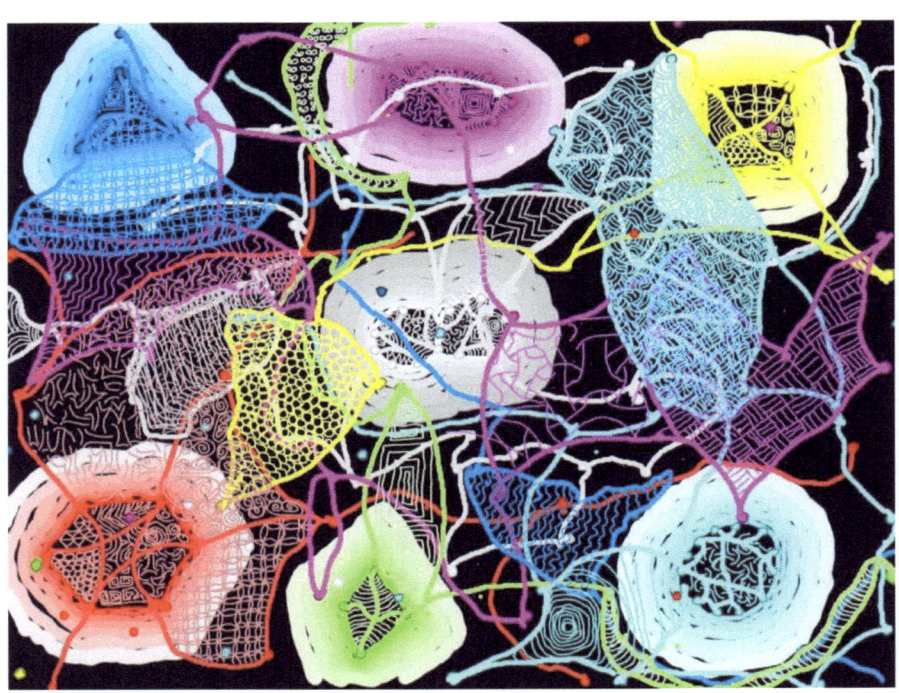